Schule - ليكول	2
Reise - فواياج	5
Transport - نقل	8
Stadt - مان	10
Landschaft - الريف	14
Restaurant - مطعم	17
Supermarkt - سوبرات	20
Getränke - مشروبات	22
Essen - ماكلة	23
Bauernhof - فيرما	27
Haus - دار	31
Wohnzimmer - صالون	33
Küche - كوزينا	35
Badezimmer - الحمام	38
Kinderzimmer - شميرا تاع ذراري	42
Kleidung - حوايج	44
Büro - بيرو	49
Wirtschaft - اقتصاد	51
Berufe - الخدمة	53
Werkzeuge - ليزوتي	56
Musikinstrumente - آلات موسيقية	57
Zoo - حديقة حيوانات	59
Sport - سبور	62
Aktivitäten - نشطات	63
Familie - لعايلة	67
Körper - الجسم	68
Spital - سبيطار	72
Notfall - ليرجونس	76
Erde - أرض	77
Uhr - ساعة	79
Woche - سيمانة	80
Jahr - العام	81
Formen - فورما	83
Farben - الالوان	84
Gegenteile - الضد	85
Zahlen - نيميرويات	88
Sprachen - اللغات	90
wer / was / wie - شكون / علاش / كيفاش	91
wo - وين	92

Impressum
Verlag: BABADADA GmbH, Nedderfeld 112 , 22529 Hamburg
Geschäftsführer / Verlagsleitung: Harald Hof
Druck: Books on Demand GmbH, In de Tarpen 42, 22848 Norderstedt

Imprint
Publisher: BABADADA GmbH, Nedderfeld 112 , 22529 Hamburg, Germany
Managing Director / Publishing direction: Harald Hof
Print: Books on Demand GmbH, In de Tarpen 42, 22848 Norderstedt, Germany

Schule
ليكول

dividieren — يقسم
186/2
Tafel — لوحة
Klassenzimmer — القسم
Schulhof — لاكور
Lehrer — معلم
Papier — ورقة
schreiben — يكتب
Stift — ستيلو
Schreibtisch — بيرو
Lineal — مسطرة
Buch — كتاب
Schüler — تلميذ

Schultasche
كرطاب

Federmappe
المقلمة

Bleistift
قلم الرصاص

Bleistiftspitzer
منجارة

Radierer
ممحا

Zeichenblock
الكايي تاع الرسم

Zeichnung

الرسم

Pinsel

البانسو

Malkasten

بناتير

Schere

مقص

Klebstoff

كولا

Übungsheft

كايبي تاع التمارين

Hausübung

الواجبات

Zahl

النيميرو

addieren

يجمع

subtrahieren

يطرح

multiplizieren

يضرب

rechnen

يحسب

Buchstabe

الحرف

Alphabet

الحروف

Wort

كلمة

Schule - ليكول

Text
النص

lesen
يقرا

Kreide
طباشير

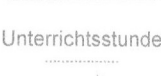
Unterrichtsstunde
الدرس

Klassenbuch
دفتر المدرسي

Prüfung
ليقزاما

Zeugnis
سرتفيكا

Schuluniform
اللبة تاع ليكول

Ausbildung
التعليم

Lexikon
ليكسيك

Universität
الجامعة

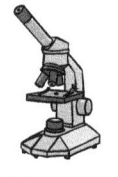
Mikroskop
المجهر

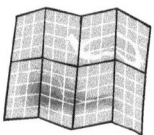
Karte
الخريطة

Papierkorb
بوبال

Schule - ليكول

Reise

فواياج

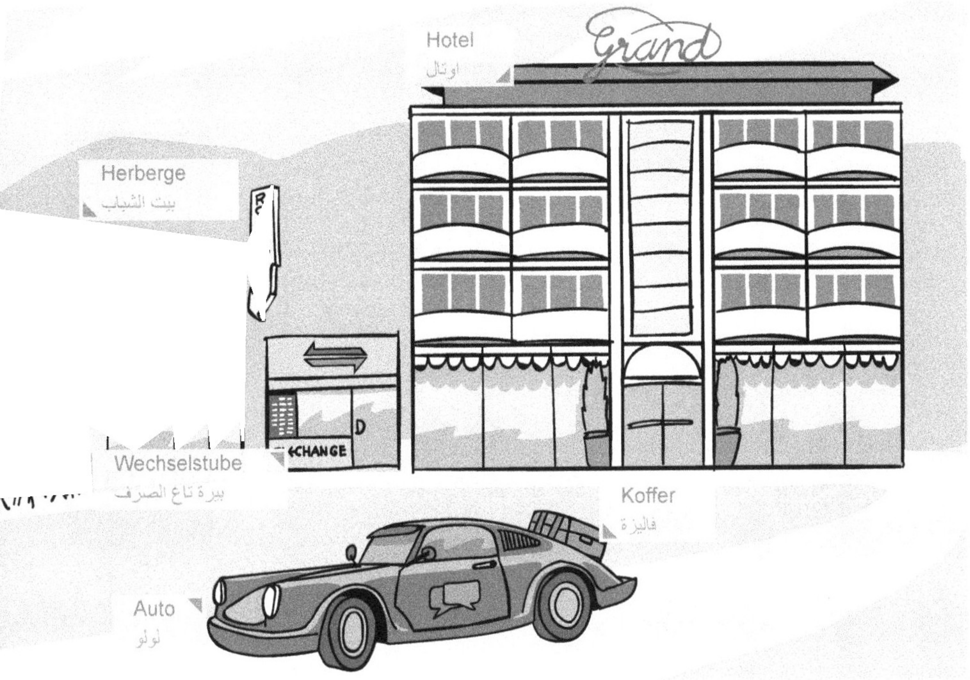

Hotel
اوتال
Grand
Herberge
بيت الشباب
Wechselstube
بيرة تاع الصرف
EXCHANGE
Koffer
فاليزة
Auto
لولو

Sprache

اللغة ليقصدها

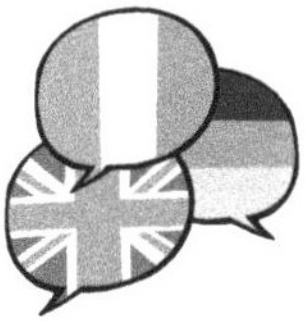

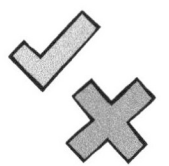

ja / nein

واه / لا

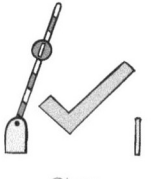

Okay

صحا

Hallo

مرحبا

Dolmetscherin

طرجمان

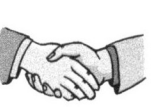

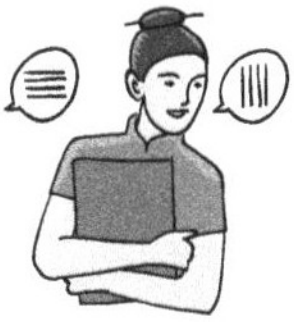

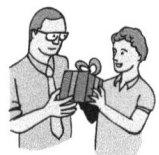

Danke

صحيت

Wie viel kostet …?

شحال السومة؟

Ich verstehe nicht.

مفهمتش

Problem

مشكيلة

Guten Abend!

مسلخير

Guten Morgen!

صباح لخير

Gute Nacht!

تصبح بخير

Auf Wiederschaun!

بسلامة

Richtung

ديركسيو

Gepäck

الباقاج

Tasche

ساك

Rucksack

ساكادو

Gast

ضيف

Zimmer

شمبرا

Schlafsack

ساك تاع رقاد

Zelt

خيمة

Touristeninformation	Strand	Kreditkarte
استعلامات سياحية	بحر	كارطة باع الكريدي

Frühstück	Mittagessen	Abendessen
فطور الصباح	الفطور	العشا
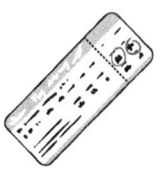		
Fahrkarte	Lift	Briefmarke
البيي	أسونسير	تامبر

Grenze	Zoll	Botschaft
الحدود	الديوانة	سفارة

Visum	Pass	
فيزا	باسبور	

Reise - فواياج

نقل

Flugzeug
طيارة

Schiff
بابور

Feuerwehrauto
لبونبيا

Bus
بيس

Lastwagen
كاميونة

Motorboot
بوطي

Fahrrad
بيسكلات

Auto
لولو

Fähre

بابو

Boot

بوطي

Motorrad

موطو

Polizeiauto

لوطو تاع لابوليس

Rennauto

لوطو تاع السياق

Mietwagen

لوطو تاع كرية

Transport - نقل

Carsharing

لواطا ناع كرية

Abschleppwagen

رومورك

Müllwagen

كاميو تاع الزبل

Motor

موتور

Kraftstoff

ليسونس

Tankstelle

ستاسيون

Verkehrsschild

بانو

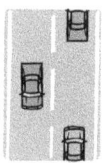

Verkehr

ترافيك

Stau

سركالة

Parkplatz

باركينغ

Bahnhof

لاقار

Schienen

السبيكة

Zug

قطار

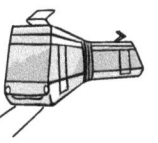

Straßenbahn

ترام

Wagon

فاغون

Hubschrauber
اليكبتار

Flughafen
مطار

Tower
تور

Passagier
مسافر

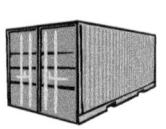
Container
كونتنار

Karton
كرطونة

Rollwagen
شاريو

Korb
سلة

starten / landen
يقلع / يهود

Stadt
مان

Dorf
قرية

Stadtzentrum
البلاد

Haus
دار

	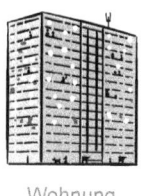	
Hütte كوخ	Wohnung برضمان	Bahnhof لاڤار

Rathaus لاميري	Museum متحف	Schule ليكول

Stadt - مان

 Universität الجامعة	 Bank بانكة	 Spital سبيطار
 Hotel اوتال	 Apotheke فارماسي	 Büro بيرو
 Buchhandlung مكتبة	 Geschäft حانوت	 Blumenladen فلوريست
 Supermarkt سوبرات	 Markt مرشي	 Kaufhaus حانوت كبير
 Fischhändler مسمكة	 Einkaufszentrum سونتر كومرسيال	 Hafen المينا

Park
بارك

Bank
بنك

Brücke
جسر

Stiege
درج

U-Bahn
مترو

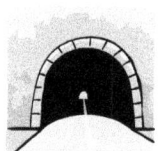
Tunnel
تونل

Bushaltestelle
لاري تاع البيس

Bar
بار

Restaurant
مطعم

Briefkasten
صندوق البريد

Straßenschild
اللافتات

Parkuhr
مقياس زمن الوقوف

Zoo
حديقة حيوانات

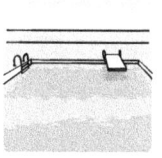
Badeanstalt
بيسين

Moschee
جامع

Stadt - مان

Bauernhof
فيرما

Umweltverschmutzung
التلوث

Friedhof
مقبرة

Kirche
كنيسة

Spielplatz
پارك

Tempel
معبد

Landschaft
الريف

Blatt — ورقة
Wegweiser — يافطة
Weg — طريق
Wiese — مرج
Stein — حجرة
Baum — شجرة
Wanderer — رحالة
Fluss — نهر
Blume — زهرة
Gras — حشيش

Tal
واد

Hügel
جبل

See
بحيرة

Wald
غابة

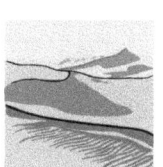
Wüste
صحراء

Vulkan
بركان

Schloss
قصر

Regenbogen
قوس قزح

Pilz
فطر

Palme
نخلة

Moskito
ناموسة

Fliege
ذبابة

Ameise
نملة

Biene
نحلة

Spinne
رتيلة

Landschaft - الريف

Käfer

خنفوس

Frosch

جرانة

Eichhörnchen

سنجاب

Igel

قنفود

Hase

قنبية

Eule

بومة

Vogel

زاوش

Schwan

بجعة

Wildschwein

حلوف

Hirsch

غزالة

Elch

إلكة

Staudamm

سد

Windrad

الطاحونة

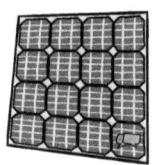

Solarmodul

خلية شمسية

Klima

كليما

Landschaft - الريف

Restaurant
مطعم

Kellner — سارفور
Speisekarte — المونيو
Sessel — كرسي
Suppe — شوربة
Pizza — بيتزا
Besteck — كوفار
Tischdecke — ناب

Vorspeise
اورسوفر

Hauptgericht
الطبق الرئيسي

Nachspeise
ديسار

Getränke
مشروبات

Essen
ماكلة

Flasche
القرعة

Restaurant - مطعم

Fastfood

فاست فود

Streetfood

ماكلة نديه معايا

Teekanne

براد اتاي

Zuckerdose

سكرية

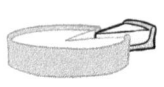

Portion

طرف

Espressomaschine

ماشينة تاع اكسبريسو

Kinderstuhl

كرسي عالي

Rechnung

فاتورة

Tablett

سني

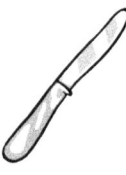

Messer

خدمي

Gabel

فرشيطة

Löffel

مغيرفة

Teelöffel

معيرفة تاع لاتاي

Serviette

سربيتة تاع الطابلة

Glas

كاس

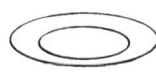

Teller
طبسي

Suppenteller
بول

Untertasse
طبسي تاع الفنجال

Sauce
لاصوص

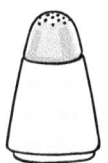

Salzstreuer
القوطي تاع الملح

Pfeffermühle
طحان تاع الحرور

Essig
خل

Öl
زيت

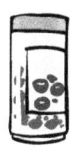

Gewürze
لبزبيس

Ketchup
كشوب

Senf
موطارد

Mayonnaise
مايونيز

Restaurant - مطعم

Supermarkt

سوبرات

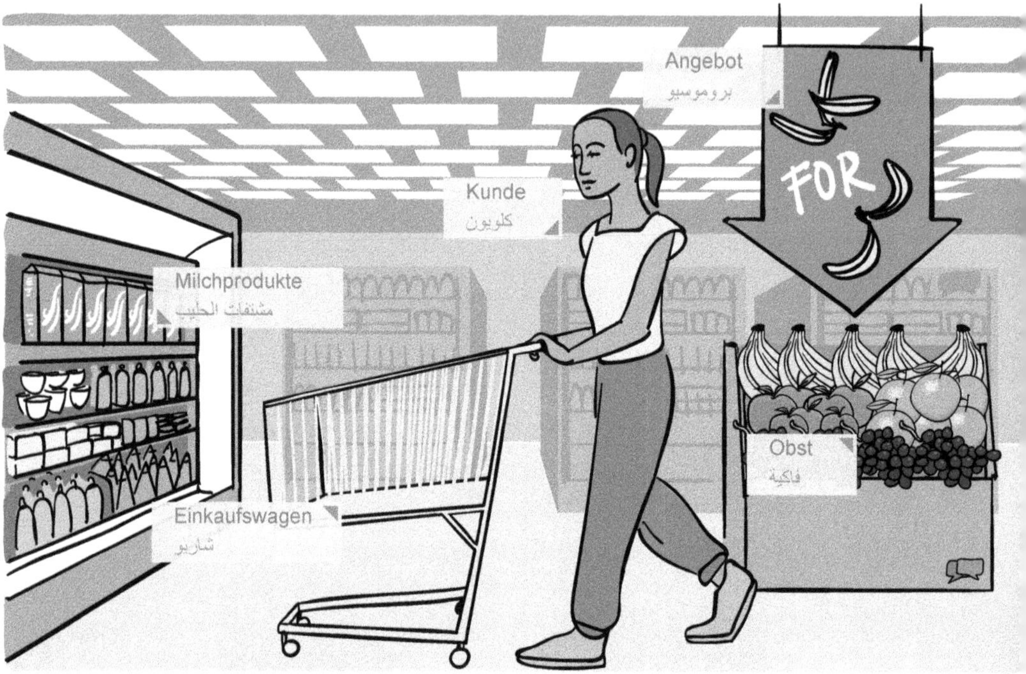

Angebot
بروموسيو
FOR
Kunde
كلويون
Milchprodukte
مشتقات الحليب
Obst
فاكية
Einkaufswagen
شاريو

BUTCHERS

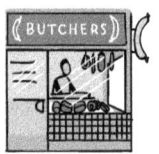

Schlachterei

بوشي

BAKERY

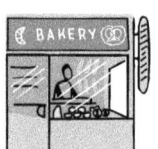

Bäckerei

بولونجي

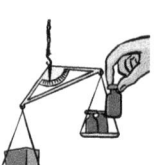

wiegen

يوزن

Gemüse

خضار

Fleisch

لحم

Tiefkühlkost

سيرجولي

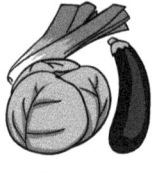

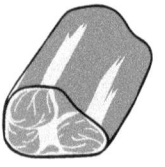

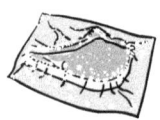

 Aufschnitt كاشير	 Konserven كونسارف	 Waschmittel الاومو تاع لغسيل
 Süßigkeiten الحلويات	 Haushaltsartikel صوالح الدار	 Reinigungsmittel ديتارجو
 Verkäuferin فوندوز / خدامة فالحانوت	 Kassa لاكاس	 Kassiererin كاسيرة
 Einkaufsliste ليستا تاع الشري	 Öffnungszeiten سوايع الخدمة	 Brieftasche بزدام
 Kreditkarte كارطة تاع الكريدي	 Tasche سالك	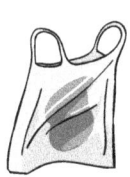 Plastiktüte بورسة

Supermarkt - سوبرات

Getränke
مشروبات

Wasser
الماء

Saft
جو

Milch
حليب

Cola
كوكا

Wein
الشراب

Bier
البيرة

Alkohol
شراب

Kakao
كاكاو

Tee
لاتاي

Kaffee
قهوة

Espresso
اكسبريسو

Cappuccino
كابوتشينو

Essen

ماكلة

Banane
بانانة

Apfel
تفاح

Orange
تشينا

Melone
بطيخ

Zitrone
ليم

Karotte
كروطة / زرودية

Knoblauch
ثوم

Bambus
بانبو

Zwiebel
بصل

Pilz
شانبينيو

Nüsse
بندق

Nudeln
نبيات

Spaghetti
سباغيتي

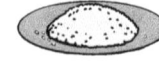
Reis
روز

Salat
سلاطة

Pommes frites
ليفريت

Bratkartoffeln
ليفريت

Pizza
بيتزا

Hamburger
هانبورقر

Sandwich
سندويش

Schnitzel
اسكالوب

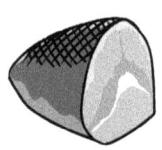
Schinken
لحم الحلوف

Salami
سامي

Wurst
مرقاز

Huhn
جاجة

Braten
لحم مشوي

Fisch
حوت

Essen - ماكلة

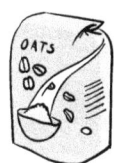
Haferflocken
شوفان

Müsli
موسلي

Cornflakes
كورن فلكس

Mehl
فرينة

Croissant
كرواسون

Semmel
خبيزة

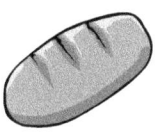
Brot
الخبز / كسرة

Toast
خبز محمر

Kekse
بيسكوي

Butter
زبدة

Topfen
لبن

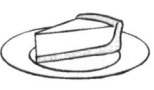
Kuchen
قاطو

Ei
بيض

Spiegelei
بيض مقلي

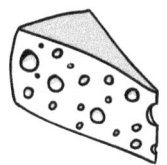
Käse
فرماج

Essen - ماكلة   25

Eiscreme	Zucker	Honig
لاكرام	سكر	عسل

Marmelade	Schokoladenaufstrich	Curry
كونفتير	نوقا	الكاري

Bauernhof
فيرما

Bauernhaus
فيرمة

Scheune
مخزن

Strohballen
رزمة تاع تبن

Feld
حقل

Pferd
عود

Anhänger
قنطرة

Traktor
جرار

Fohlen
مهر

Esel
حمار

Schaf
كبش

Lamm
خروف

Ziege

معزة

Kuh

بقرة

Kalb

عجل

Schwein

حنوف

Ferkel

حنوف صغير

Stier

طورو

Gans	Ente	Küken
وزة	بطة	فلوس

Huhn	Hahn	Ratte
جاجة	سردوك	طوبا

Katze	Maus	Ochse
قطة	فأر	ثور

Hund	Hundehütte	Gartenschlauch
كلب	دار الكلب	تيبو

Gießkanne	Sense	Pflug
ابريق	منجل	محراث

Bauernhof - فيرما

Sichel
منجل

Hacke
الفأس

Mistgabel
مذراة الزبل

Axt
شاقور

Schubkarre
بروية

Trog
معلف

Milchkanne
قاية تاع حليب

Sack
ماشطيا

Zaun
سياج

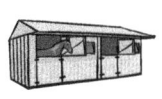

Stall
صطبل

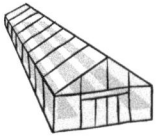

Treibhaus
بوطاحي

Boden
تراب

Saat
بذور

Dünger
سماد

Mähdrescher
حصادة

Bauernhof - فيرما

ernten
بحصد

Ernte
الغلة

Yamswurzel
بطاط

Weizen
قمح

Soja
صويا

Erdapfel
بطاطا

Mais
ماييس

Raps
سلجم

Obstbaum
شجرة تاع فاكية

Maniok
منيهوت

Getreide
الخبوب

Bauernhof - فيرما

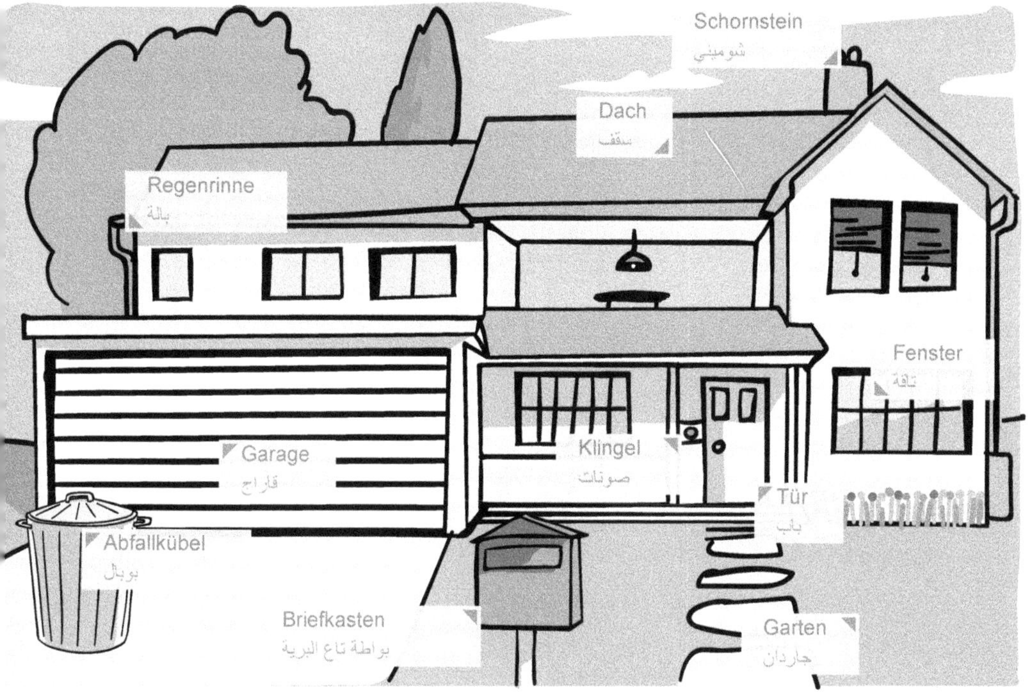

Haus
دار

Schornstein
شوميني

Dach
سقف

Regenrinne
بالة

Fenster
نافذة

Garage
قاراج

Klingel
صونات

Tür
باب

Abfallkübel
بوبال

Briefkasten
براطة تاع البرية

Garten
جاردان

Wohnzimmer
صالون

Badezimmer
الحمّام

Küche
كوزينا

Schlafzimmer
شاميرا تاع رقاد

Kinderzimmer
شميرا تاع ذراري

Esszimmer
صالة مونجي

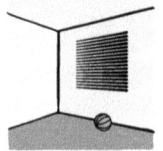
Boden
لرض

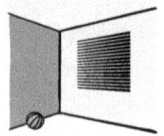
Wand
حيط

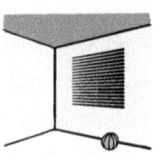
Decke
بلافو

Keller
كافا

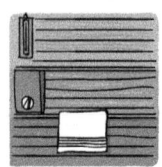
Sauna
سونا

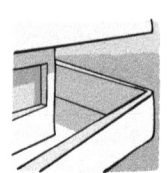
Balkon
بالكون

Terrasse
تيراسة

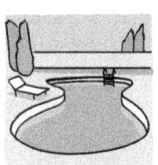
Schwimmbad
بيسين

Rasenmäher
جزارة تاع حشيش

Bettbezug
االووس

Bettdecke
كووات

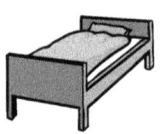
Bett
ناموسية

Besen
مصلحة

Kübel
بيدو تاع صليح

Schalter
انغيتور

Haus - دار

Wohnzimmer
صالون

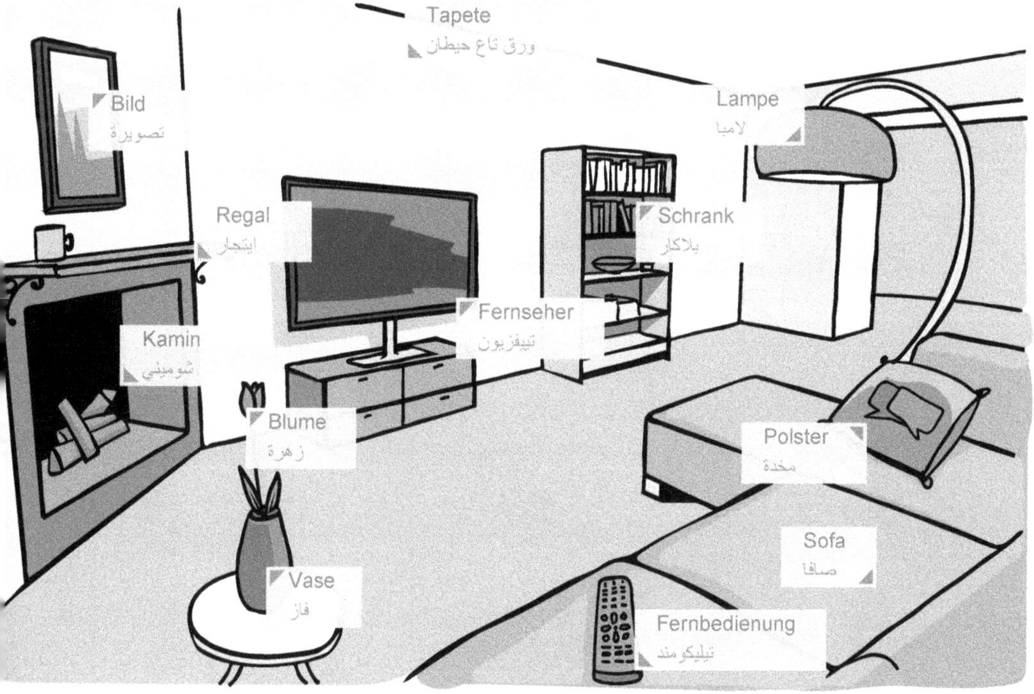

- Tapete — ورق تاع حيطان
- Bild — تصويرة
- Lampe — لامبا
- Regal — اتجار
- Schrank — بلاكار
- Kamin — شوميني
- Fernseher — تيفزيون
- Blume — زهرة
- Polster — مخدة
- Vase — فاز
- Sofa — صافا
- Fernbedienung — تيليكوماند

Teppich

طابي

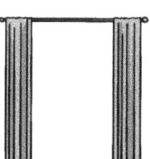

Vorhang

ريدو

Tisch

طابلة

Sessel

كرسي

Schaukelstuhl

كرسي ببوجي

Sessel

فوتاي

Buch
كتاب

Decke
طوفيرطة

Dekoration
زواق

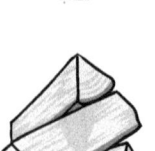
Feuerholz
الحطب

Film
فيلم

Stereoanlage
الستيريو

Schlüssel
مفتاح

Zeitung
جرنان

Gemälde
كادر

Poster
بوستار

Radio
راديو

Notizblock
كناش

Staubsauger
أسبيراتور

Kaktus
صبار

Kerze
شمعة

Wohnzimmer - صالون

Küche
كوزينا

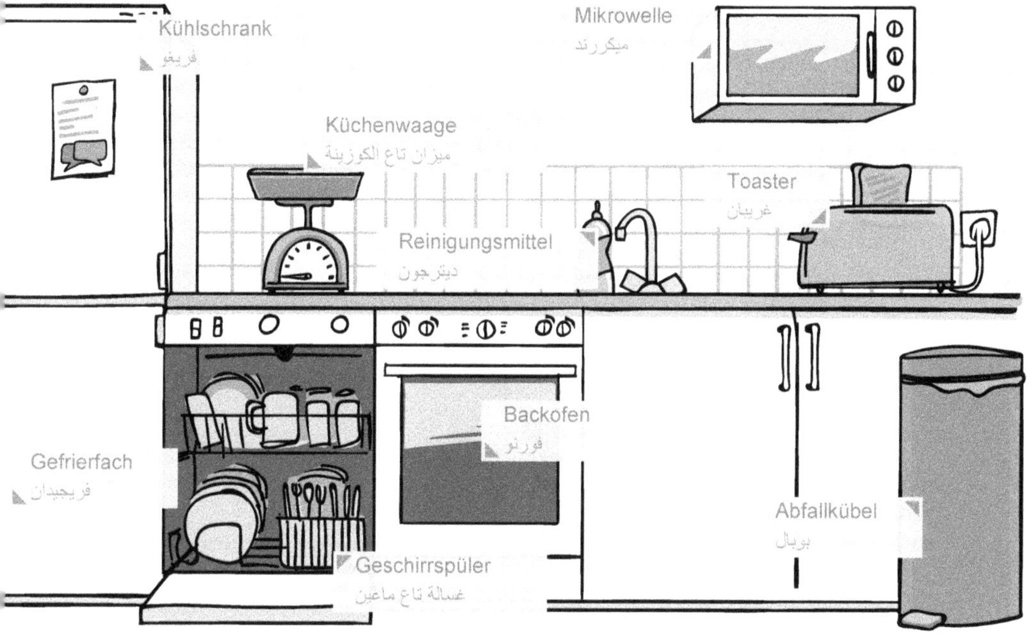

Kühlschrank
فريغو

Mikrowelle
ميكروند

Küchenwaage
ميزان تاع الكوزينة

Toaster
غريّان

Reinigungsmittel
ديترجون

Backofen
فورنو

Gefrierfach
فريجيدان

Geschirrspüler
غسّالة تاع ماعين

Abfallkübel
بوبال

Herd

الفور

Topf

قدرة

Eisentopf

مرميطا

Wok / Kadai

طاوة عامقة

Pfanne

مقلة

Wasserkocher

غلاية

Dampfgarer

قدرة

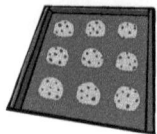

Backblech

سنی

Geschirr

ماعين

Becher

قوبلي

Schale

طبسي

Essstäbchen

مطارق تاع الماكلة

Schöpflöffel

لوشة

Pfannenwender

سباتولة

Schneebesen

الضرابة

Kochsieb

كسكاس

Sieb

صفاية

Reibe

راب

Mörser

مهراز

Grill

شوابة

Kaminfeuer

موقد

Küche - كوزينا

Schneidebrett

بلونشا

Nudelholz

رولو

Korkenzieher

الحلال

Dose

قابسة

Dosenöffner

الحلال

Topflappen

كتان

Waschbecken

لافابو

Bürste

بروسة

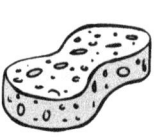

Schwamm

بولجة

Mixer

الخلاط

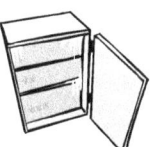

Gefriertruhe

فريغو

Babyflasche

بيبرونة

Wasserhahn

عيبالة

Küche - كوزينا

Badezimmer
الحمام

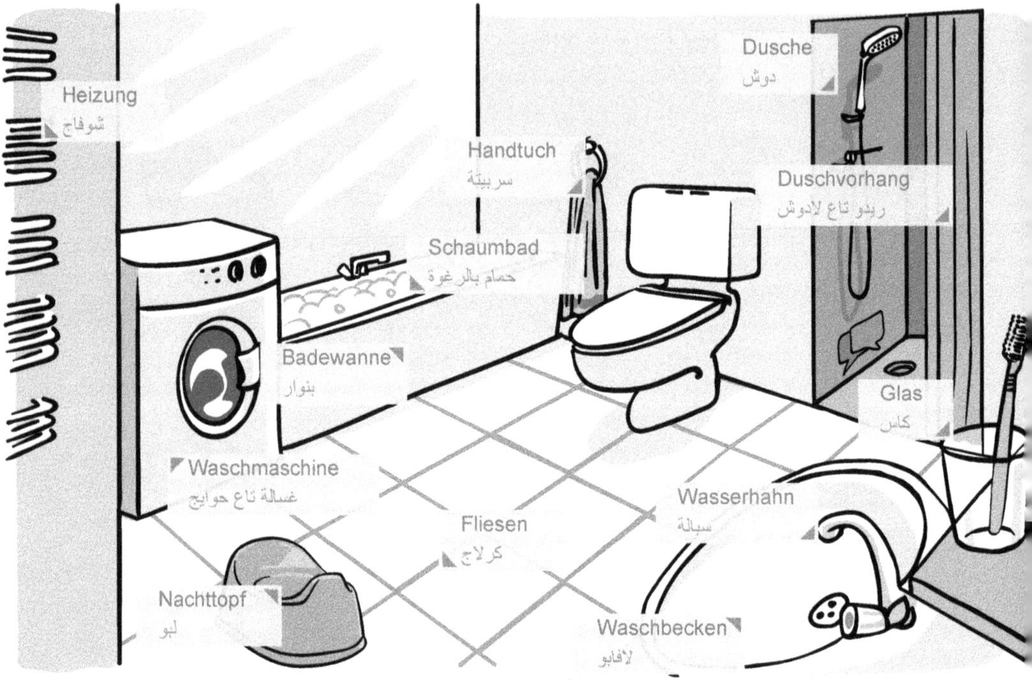

- Heizung — شوفاج
- Dusche — دوش
- Handtuch — سربيّة
- Duschvorhang — ريدو تاع لادوش
- Schaumbad — حمام بالرغوة
- Badewanne — بنوار
- Waschmaschine — غسالة تاع حوايج
- Glas — كاس
- Fliesen — كراج
- Wasserhahn — سبالة
- Nachttopf — ليو
- Waschbecken — لافابو

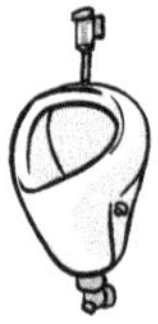

Klo	Hocktoilette	Bidet
توالات	توالات تركي	غسال الرجلين

Pissoir	Klopapier	Klobürste
مبولة	ورق تاع توالات	بروسة تاع توالات

Badezimmer - الحمام

Zahnbürste
بروسدون

Zahnpasta
دونتفريس

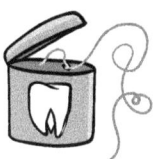
Zahnseide
خيط السنان

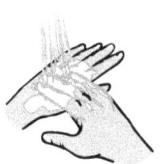
waschen
يغسل

Handbrause
دوشات تاع دوش

Intimdusche
دوشات

Waschschüssel
لافابو

Rückenbürste
بروسا تاع الظهر

Seife
صابون

Duschgel
جال دوش

Shampoo
شنبوان

Waschlappen
الحبل

Abfluss
فالدوس

Creme
بومادة

Deodorant
ديودورون

Badezimmer - الحمام

Spiegel	Kosmetikspiegel	Rasierer
مراية	مراة صغيرة	رازوار
		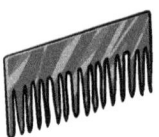
Rasierschaum	Rasierwasser	Kamm
لاموس	كولون	مشطة
		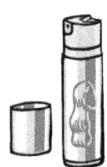
Bürste	Föhn	Haarspray
بروسة	سشوار	مثبت الشعر

Makeup	Lippenstift	Nagellack
مكياج	روجالافر	فرني

Watte	Nagelschere	Parfum
قطن	كوبنغل	ريحة

Badezimmer - الحمام

Kulturbeutel

تروسة تاع حمام

Hocker

طابوري

Waage

ميزان

Bademantel

بينوار

Gummihandschuhe

ليڨونات تاع النيتواياج

Tampon

تمبون

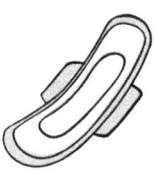

Damenbinde

ليبوند

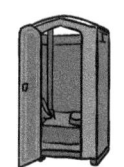

Chemietoilette

توالات

Badezimmer - الحمام

Kinderzimmer
شمبرا تاع ذراري

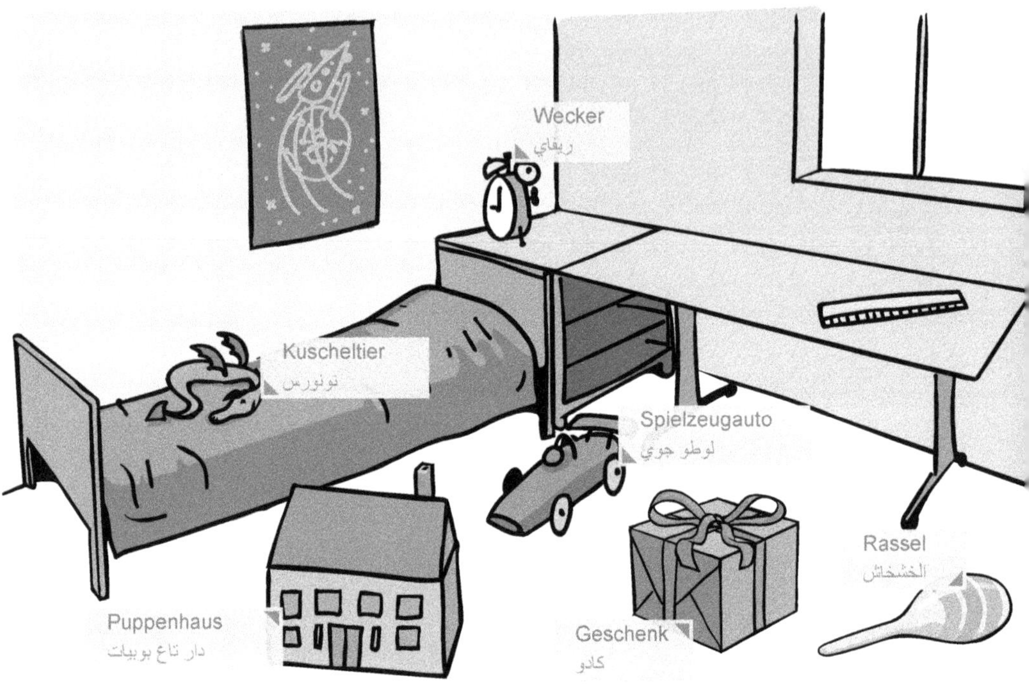

Wecker
ريڤاي

Kuscheltier
نونورس

Spielzeugauto
لوطو جوي

Rassel
الخشخاش

Puppenhaus
دار تاع بوبيات

Geschenk
كادو

Ballon
بالونة / نساقة

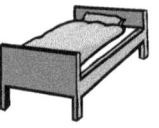

Bett
ناموسية

Kinderwagen
بوسات

Kartenspiel
الكارطة

Puzzle
اليوزيل

Comic
بوند ديميني

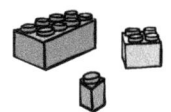

Legosteine

الليغو

Bausteine

حجر بنوه

Actionfigur

بوبية

Strampelanzug

لبسة تاع البيبي

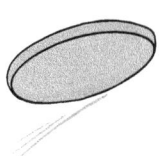

Frisbee

فريزي

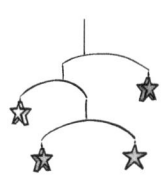

Mobile

اللياية

Brettspiel

لعبة الطاولة

Würfel

الدي

Modelleisenbahn

التران

Schnuller

سوسات

Party

حفلة / الفيشطة

Bilderbuch

كتاب بتصاوير

Ball

بالون

Puppe

بوبية

spielen

يلعب

Kinderzimmer - شمبرا تاع ذراري

Sandkasten
بارك بالرملة

Schaukel
بنصوار

Spielzeug
جوي

Spielkonsole
منيطا

Dreirad
بيسكلات

Teddy
دبدوب

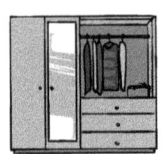
Kleiderschrank
ماريو

Kleidung
حوايج

Socken
تقاشر

Strümpfe
لبيا

Strumpfhose
كولو

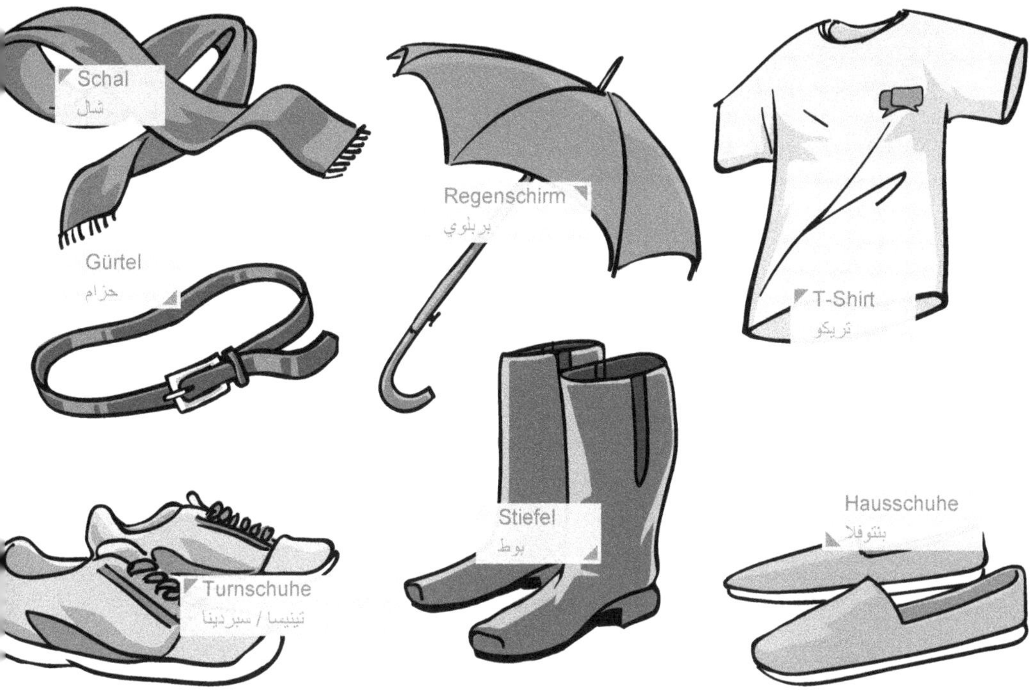

Schal
شال

Regenschirm
بريلوي

T-Shirt
تريكو

Gürtel
حزام

Stiefel
بوط

Hausschuhe
بنتوفلا

Turnschuhe
تينيسما / سيرْدينا

Sandalen
صندالة

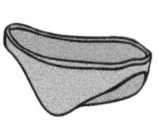

Schuhe
صباط

Gummistiefel
بوط بلاستيك

Unterhose
كالسون

Büstenhalter
سوتيان

Unterhemd
حويج تاع داخل

Kleidung - حوايج

Body

لاسق على الجسم

Hose

سروال

Jeans

جين

Rock

جيبا

Bluse

طابلية

Hemd

قمجة

Pullover

تريكو

Kapuzenpullover

قارديقون

Blazer

بلازار

Jacke

قيستا

Mantel

بالطو

Regenmantel

بالطو

Kostüm

كوستيم

Kleid

روبا

Hochzeitskleid

روب بلونش

Kleidung - حوايج

 Anzug كوستيم	 Nachthemd قوميز نوني	 Pyjama بيجاما
 Sari ساري	 Kopftuch حجاب	 Turban عمامة
 Burka برقع	 Kaftan قفطان	 Abaya عباية
 Badeanzug مايو	 Badehose سروال تاع عوم	 kurze Hose شورت
 Jogginganzug لبسة تاع سبور	 Schürze طبلية	 Handschuhe ليڤي ثلث

Kleidung - حوايج

Knopf

قفلة

Brille

نواظر

Armband

براسلي

Halskette

سنسلة

Ring

خاتم

Ohrring

منقوش

Mütze

بوني

Kleiderbügel

سانتر

Hut

شابو

Krawatte

قرافاطة

Reißverschluss

غيمة

Helm

كاسك

Hosenträger

بروتال

Schuluniform

اللبسة تاع ليكول

Uniform

لينيفورم

Kleidung - حوايج

Lätzchen
رباقة

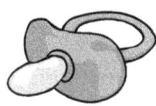
Schnuller
سوسعات

Windel
ليكوش

Büro
بيرو

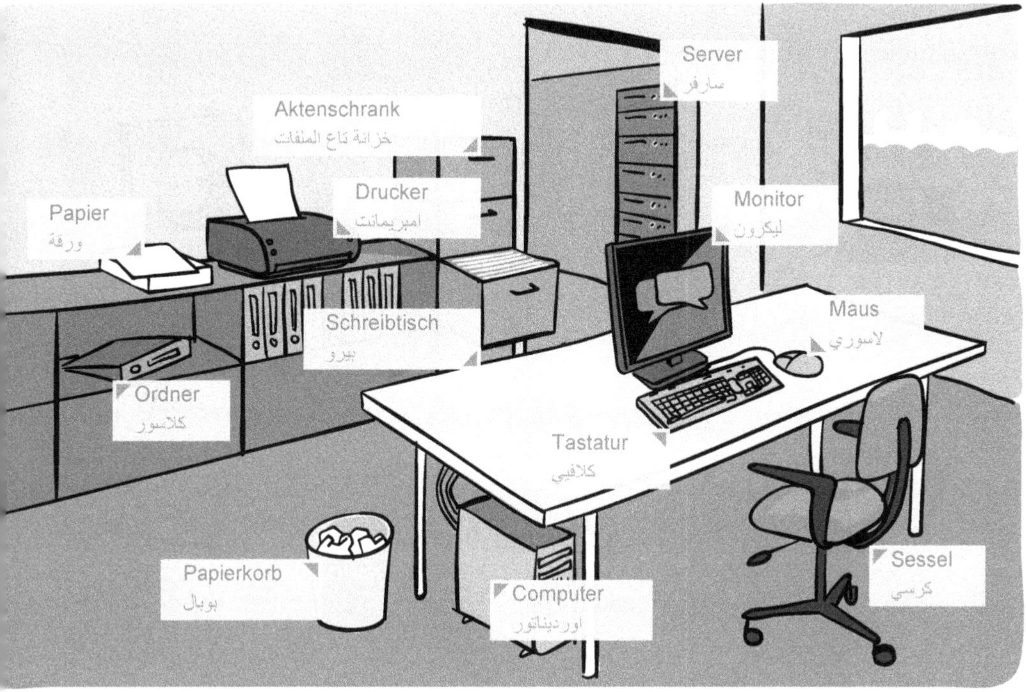

Server
سارفر

Aktenschrank
خزانة تاع الملفات

Drucker
اميريمانت

Papier
ورقة

Monitor
ليكرون

Schreibtisch
بيرو

Maus
لاسوري

Ordner
كلاسور

Tastatur
كلافيي

Papierkorb
بوبال

Sessel
كرسي

Computer
اوردیناتور

Kaffeebecher
كاس قهوة

Taschenrechner
كاكولاترپس

Internet
لانترنت

Laptop

اورديناتور

Brief

برية

Nachricht

ميساج

Handy

بورطابل

Netzwerk

ريزو

Kopierer

فوطوكوبي

Software

لوجسيال

Telefon

تيلفون

Steckdose

بريزة

Fax

فاكس

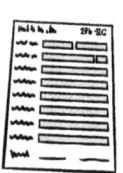

Formular

استمارة

Dokument

وثيقة

Büro - بيرو

Wirtschaft

اقتصاد

kaufen

يشري

bezahlen

يخلص

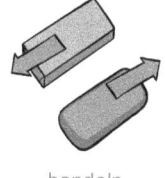

handeln

يتاجر

Geld

دراهم

Dollar

دولار

Euro

أورو

Yen

ين

Rubel

روبل

Franken

فرنك سويسري

Renminbi Yuan

يوان

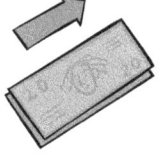

Rupie

روبية

Bankomat

ديستربيوتور

Wechselstube
بيرة تاع الصرف

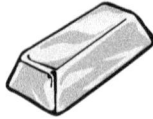
Gold
ذهب

Silber
فضة

Öl
نفط

Energie
طاقة

Preis
السومة

Vertrag
عقد

Steuer
طاكس

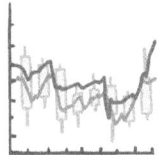
Aktie
سهم

arbeiten
يخدم

Angestellte
خدام

Arbeitgeber
مول الشي

Fabrik
وزين

Geschäft
حانوت

Wirtschaft - اقتصاد

Berufe
الخدمة

Polizist
بوليسي

Feuerwehrmann
بومبي

Koch
طباخ

Ärztin
الطبيب

Pilot
بيلوط

Gärtner

جرديني

Tischler

نجار

Schneiderin

خياط

Richter

قاضي

Chemikerin

شيميك

Schauspieler

ممثل

Busfahrer
شوفير

Taxifahrer
طاكسيور

Fischer
صياد

Putzfrau
خدامة

Dachdecker
ماصو تاع السقف

Kellner
سارفور

Jäger
صياد

Maler
بنتار

Bäcker
خباز

Elektriker
الكتريسيان

Bauarbeiter
ماصون

Ingenieur
مهندس

Schlachter
بوشي

Installateur
بلومبي

Briefträgerin
فاكتور

Berufe - الخدمة

Soldat
جندي

Architekt
ارشيتكت

Kassiererin
كاسيرى

Blumenhändlerin
بياع اورد

Friseur
كوافير

Schaffner
الكنترول

Mechaniker
ميكانيسيان

Kapitän
كابيتان

Zahnärztin
طبيب سنان

Wissenschaftler
عالم

Rabbi
حاخام

Imam
امام

Mönch
موان

Pfarrer
موان

Berufe - الخدمة

Werkzeuge
ليزوتي

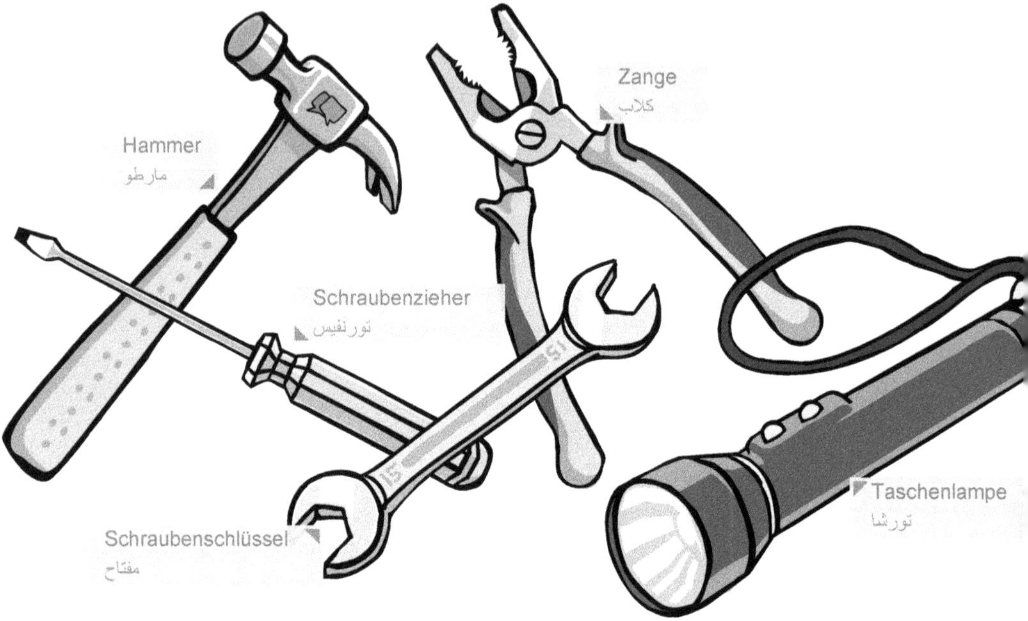

Hammer — مارطو
Zange — كلاب
Schraubenzieher — تورنفيس
Schraubenschlüssel — مفتاح
Taschenlampe — تورشا

Bagger
جرافة

Werkzeugkasten
قابصة نتاع ليزوتي

Leiter
سلوم

Säge
منشار

Nägel
سمامير

Bohrer
برموز

reparieren
يصنع

Schaufel
البالة

Scheiße!
ياويلي

Kehrschaufel
يالا

Farbtopf
بو تاع بنتورة

Schrauben
ليفيس

Musikinstrumente
آلات موسيقية

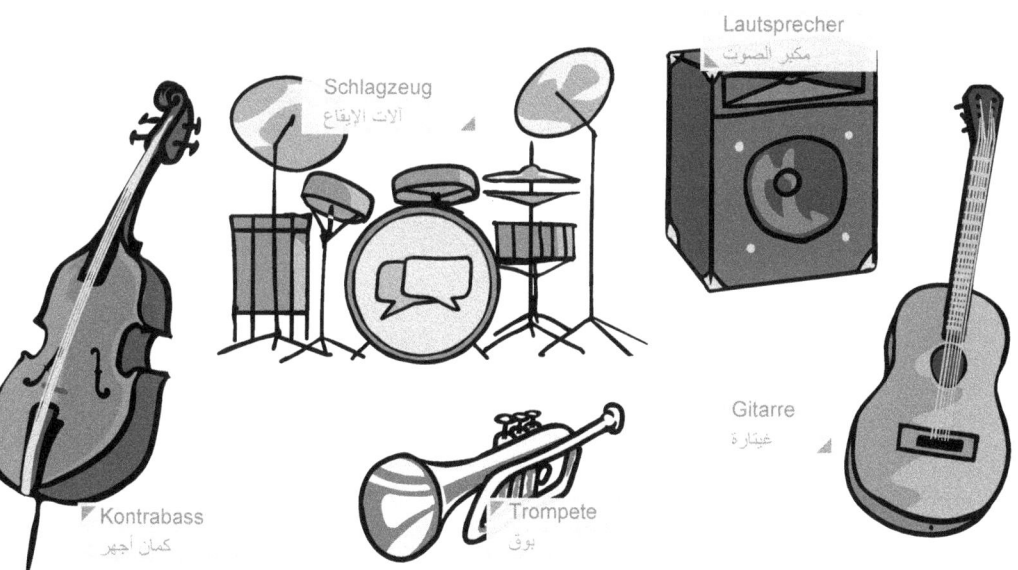

Kontrabass — كمان أجهر
Schlagzeug — آلات الإيقاع
Lautsprecher — مكبر الصوت
Gitarre — غيتارة
Trompete — بوق

Klavier
بيانو

Violine
كمنجة

Bass
جهير

Pauke
طبل كبير

Trommeln
طبل

Tastatur
بيانو كهرباني

Saxophon
ساكسوفون

Flöte
ناي

Mikrofon
ميكروفون

Musikinstrumente - آلات موسيقية

Zoo
حديقة حيوانات

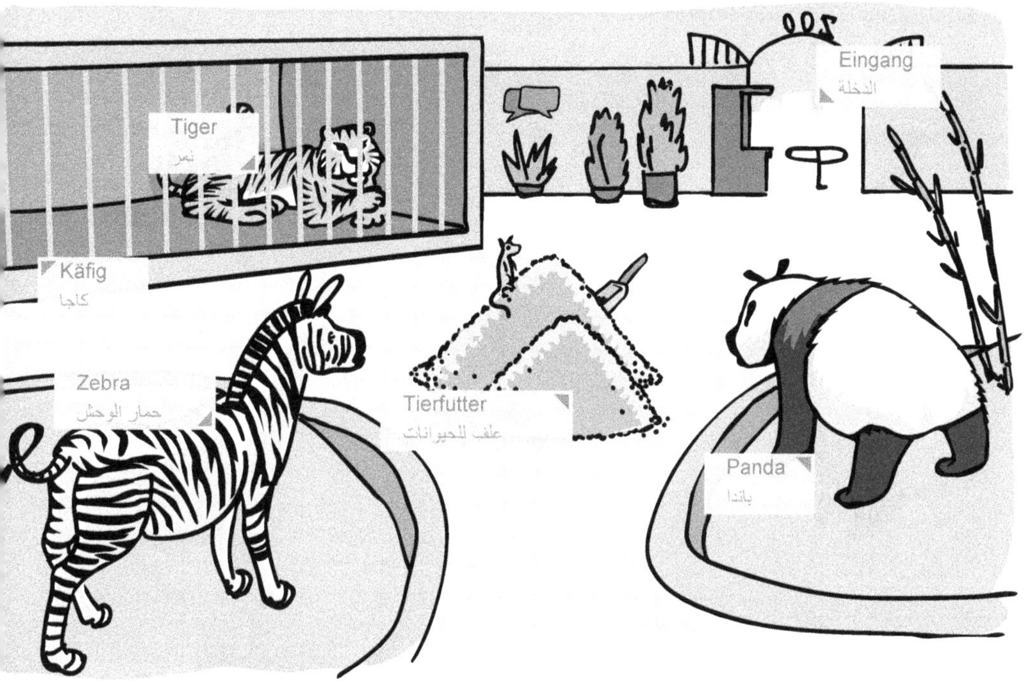

Tiere
حيوانات

Elefant
فيل

Känguru
كنغر

Nashorn
وحيد القرن

Gorilla
غوريلا

Bär
دب

Kamel

جمل

Strauß

نعامة

Löwe

سبع

Affe

تشيطا

Flamingo

فلامونغوز

Papagei

بيروكي

Eisbär

دب قطبي

Pinguin

بطريق

Hai

سمك القرش

Pfau

طاووس

Schlange

لفعة

Krokodil

تمساح

Zoowärter

عساس في حديقة الحيوان

Robbe

عجل البحر

Jaguar

نمر أمريكي مرقط

Pony
فرس قزم

Leopard
نمر

Nilpferd
فرس النهر

Giraffe
زرافة

Adler
نسر

Wildschwein
حلوف

Fisch
حوت

Schildkröte
فكرون

Walross
حيوان فظ البحري

Fuchs
ثعلب

Gazelle
غزال

Zoo - حديقة حيوانات

Sport
سبور

Aktivitäten
نشطات

springen - ينقز
lachen - يضحك
umarmen - يعنق
gehen - يمشي
singen - يغني
träumen - ينوم
beten - يصلي
küssen - يبوس

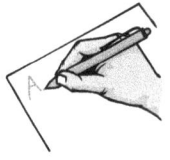

schreiben
يكتب

zeichnen
يرسم

zeigen
يوري

drücken
يتمر

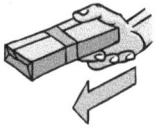

geben
يعطي

nehmen
يدي

Aktivitäten - نشطات

haben	machen	sein
يملك	يخدم	كاين

stehen	laufen	ziehen
بوقف	يجري	يجبد

werfen	fallen	liegen
يقيس / يرمي	يطيح	يتكسل

warten	tragen	sitzen
يشوف	يرفد	يقعد

anziehen	schlafen	aufwachen
يلبس	يرقد	ينوض

ansehen
بشوف في

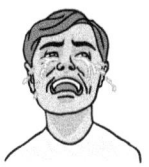
weinen
بيبكي

streicheln
يحك

frisieren
يمشط

reden
بيحتر

verstehen
يفهم

fragen
بيسقسي

hören
يسمع

trinken
نشرب

essen
ياكل

zusammenräumen
يخمل

lieben
بيعي

kochen
يطيب

fahren
يصوق

fliegen
يطير

Aktivitäten - نشطات

segeln
يبحر بالفلوكة

rechnen
يحسب

lesen
يقرا

lernen
يتعلم

arbeiten
يخدم

heiraten
يتزوج

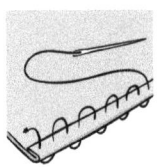
nähen
يخيط

Zähne putzen
يغسل سنانو

töten
يكتل

rauchen
يكمي

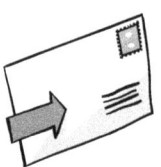
senden
يرسل

Familie
لعايلة

Großmutter — الجدة
Großvater — الجد
Vater — الاب
Mutter — ام
Baby — الذري
Tochter — البنت
Sohn — الولد

Gast
ضيف

Tante
العمة / الخالة

Onkel
العم / الخال

Bruder
الخو

Schwester
الخت

Familie - لعايلة

Körper
الجسم

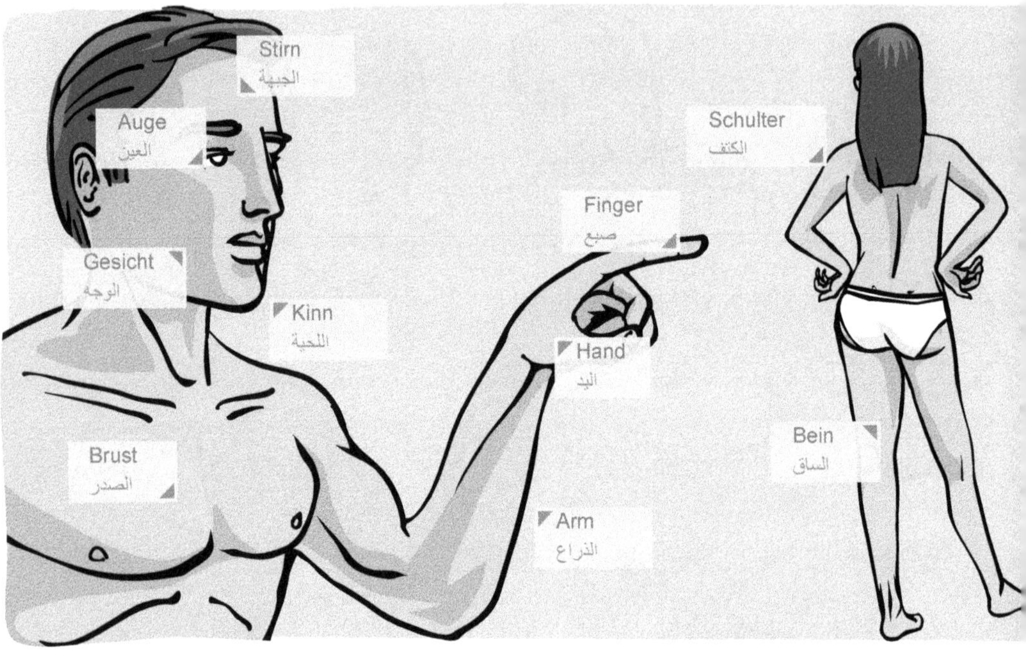

- Stirn — الجبهة
- Auge — العين
- Gesicht — الوجه
- Kinn — اللحية
- Brust — الصدر
- Schulter — الكتف
- Finger — صبع
- Hand — اليد
- Arm — الذراع
- Bein — الساق

Baby
الذري

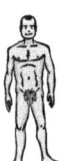

Mann
الراجل

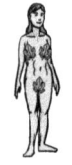

Frau
المرا

Mädchen
الشيردة، الطفلة

Junge
الشيىر

Kopf
الراس

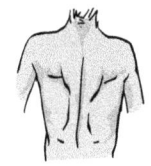 Rücken ظهر	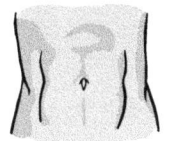 Bauch الكرش	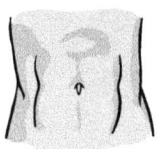 Nabel السرة
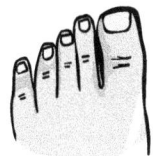 Zeh صبع	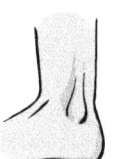 Ferse طالون	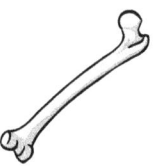 Knochen العظم
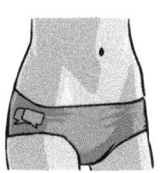 Hüfte المرادف	 Knie الركبة	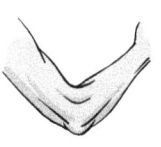 Ellbogen لسرفغ
 Nase نيف	 Gesäß مصاصيط	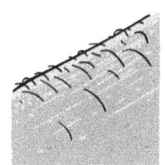 Haut البشرة
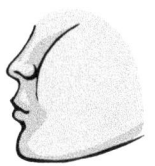 Wange الخنوك	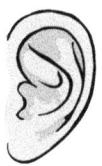 Ohr ىوذن	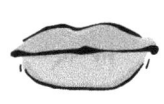 Lippe ضورب

Körper - الجسم

Mund
الفم

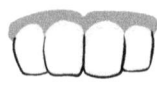
Zahn
السنة

Zunge
اللسان

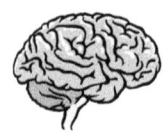
Gehirn
الدماغ

Herz
القلب

Muskel
العضلة

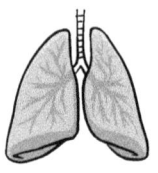
Lunge
الرية

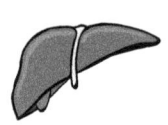
Leber
الكبدة

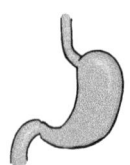
Magen
سطوما

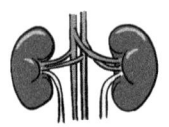
Nieren
كلوى

Geschlechtsverkehr
رابور

Kondom
بريزارقتيف

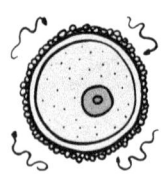
Eizelle
البويضة

Sperma
سبرم

Schwangerschaft
بلكرش

Körper - الجسم

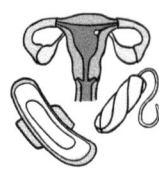
Menstruation
الحيض

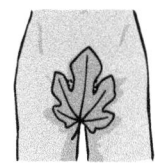
Vagina
المهبل

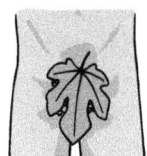
Penis
المذاكير

Augenbraue
الحاجب

Haar
الشعر

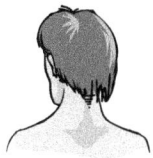
Hals
رقبة

Körper - الجسم

Spital
سبيطار

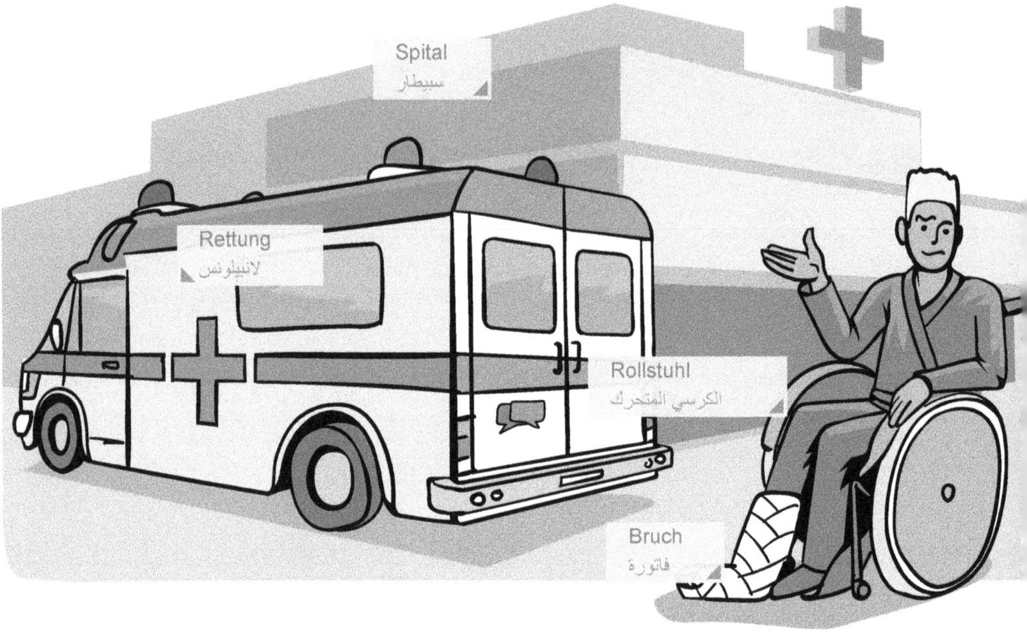

Ärztin
الطبيب

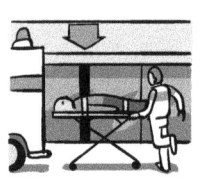

Notaufnahme
ليزيرجونس

Krankenschwester
الممرضة

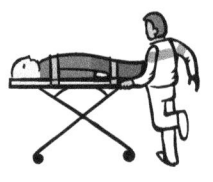

Notfall
ليرجونس

ohnmächtig
تغاشى

Schmerz
الوجع

 Verletzung
الجرح

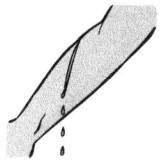 Blutung
يسيل الدم

 Herzinfarkt
القلب

 Schlaganfall
لافيسي

 Allergie
لالرجي

 Husten
الكحة

 Fieber
الحمة

 Grippe
لاقريب

 Durchfall
الاسهال

 Kopfschmerzen
ميغران

 Krebs
السرطان

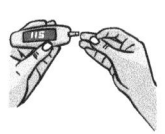 Diabetes
السكر

 Chirurg
الجراح

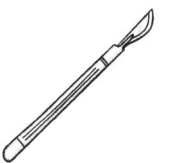 Skalpell
مبضع

 Operation
عملية تاع القلب

Spital - سبيطار

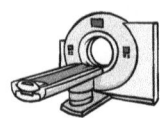
CT
لاسيتي

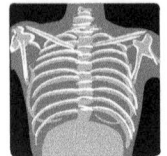
Röntgen
الراديو

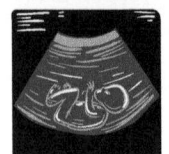
Ultraschall
لولتخازون

Maske
لماسك

Krankheit
المرض

Wartezimmer
وين يقارعو

Krücke
العكاز

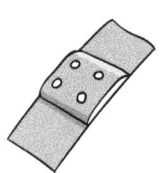
Pflaster
سكوتش

Verband
لبانسما

Injektion
لبرة

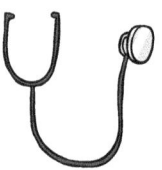
Stethoskop
السماعة تاع الطبيب

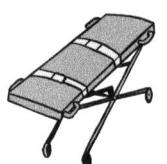
Trage
نقالة

Thermometer
لوزنو بيه الحمة

Geburt
زيادة

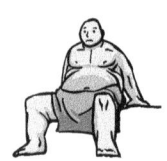
Übergewicht
السمونية

Spital - سبيطار

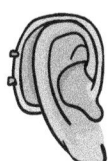
Hörgerät
جهاز السمع

Desinfektionsmittel
المعقم

Infektion
لنفكسون

Virus
الفيروس

HIV / AIDS
السيدا

Medizin
الدوا

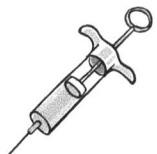
Impfung
الفاكسان

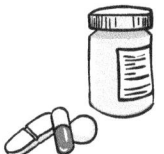
Tabletten
الدوا حب

Pille
بيلولة

Notruf
يعيط للنجدة

Blutdruckmesser
الجهاز لليقيسو بيه الدم

krank / gesund
مريض / صحيح

Spital - سبيطار

Notfall

ليرجونس

Hilfe!

سلكوني

Alarm

لالارم

Überfall

يتعدا

Angriff

يهجم

Gefahr

دونجى

Notausgang

مخرج الطوارى

Feuer!

النار شاعلة

Feuerlöscher

لكستائنور

Unfall

اكسيدون

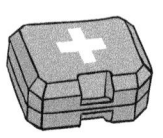

Erste-Hilfe-Koffer

فيزة تاع الاسعاف الاولي

SOS

سلكونا

Polizei

لابوليس

Erde
أرض

Europa

أوروبا

Nordamerika

أمريكا الشمالية

Südamerika

أمريكا الجنوبية

Afrika

أفريقيا

Asien

آسيا

Australien

أستراليا

Atlantik

المحيط الأطلسي

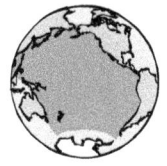

Pazifik

المحيط الهادي

Indische Ozean

المحيط الهندي

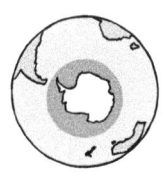

Antarktische Ozean

المحيط المتجمد الجنوبي

Arktische Ozean

المحيط المتجمد الشمالي

Nordpol

القطب الشمالي

Südpol

القطب الجنوبي

Antarktis

منطقة القطب الجنوبي

Erde

أرض

Land

بلاد

Meer

بحر

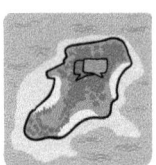

Insel

جزيرة

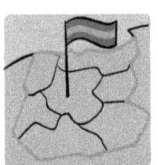

Nation

امة

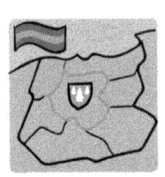

Staat

دولة

Uhr
ساعة

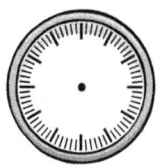
Ziffernblatt
ميناء الساعة

Stundenzeiger
عقرب الساعات

Minutenzeiger
عقرب الدقائق

Sekundenzeiger
عقرب الثواني

Wie spät ist es?
شعال راها الساعة؟

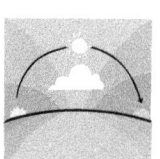
Tag
يوم

Zeit
زمن

jetzt
دروك

Digitaluhr
ساعة رقمية

Minute
دقيقة

Stunde
ساعة

Woche
سيمانة

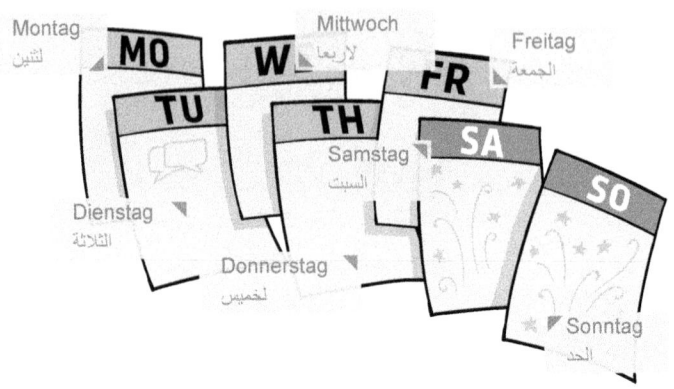

gestern
لبارح

heute
اليوم

morgen
غدوا

Morgen
صباح

Mittag
القايلة

Abend
العشية

MO	TU	WE	TH	FR	SA	SU
1	2	3	4	5	6	7
8	9	10	11	12	13	14
15	16	17	18	19	20	21
22	23	24	25	26	27	28
29	30	31	1	2	3	4

Arbeitstage
يامات الخدمة

MO	TU	WE	TH	FR	SA	SU
1	2	3	4	5	6	7
8	9	10	11	12	13	14
15	16	17	18	19	20	21
22	23	24	25	26	27	28
29	30	31	1	2	3	4

Wochenende
ويكاند

Jahr
العام

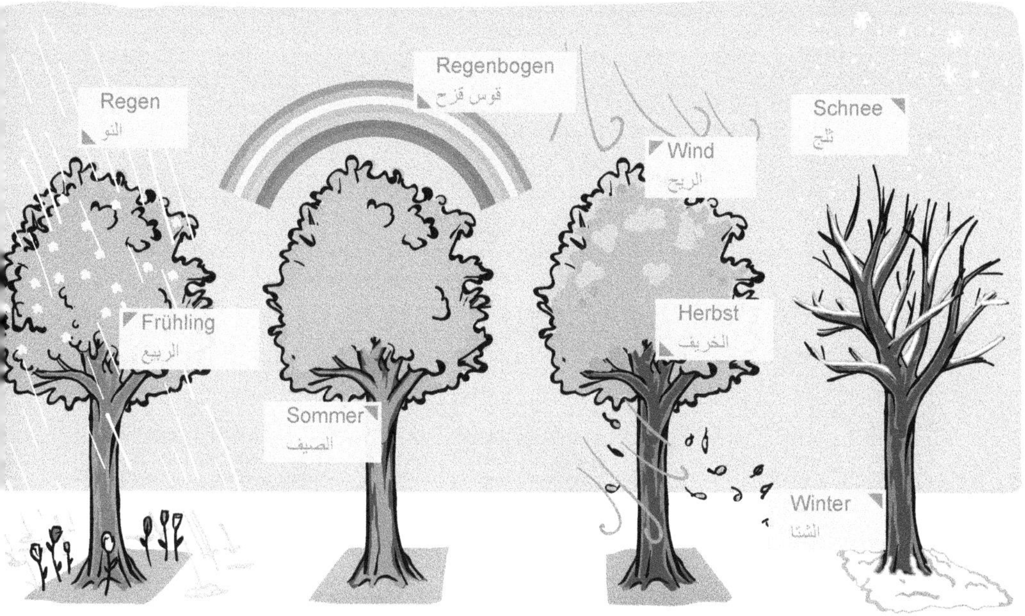

Regen — المطر
Regenbogen — قوس قزح
Schnee — ثلج
Frühling — الربيع
Wind — الريح
Herbst — الخريف
Sommer — الصيف
Winter — الشتاء

Wettervorhersage
يتنبأ بالحال

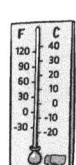

Thermometer
مقياس حرارة

Sonnenschein
ضوء الشمس

Wolke
سحابة

Nebel
ضباب

Luftfeuchtigkeit
مرطبتي

Blitz

برق

Donner

رعد

Sturm

عاصفة

Hagel

برد

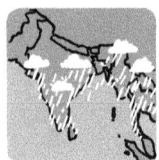

Monsun

ريح

Flut

طوفان

Eis

جليد

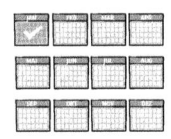

Jänner

جانفي

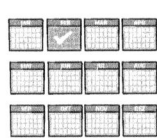

Februar

فيفري

März

مارس

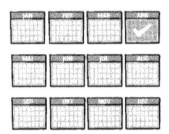

April

افريل

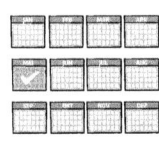

Mai

ماي

Juni

جوان

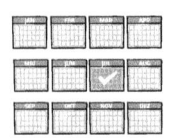

Juli

جويلية

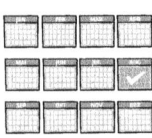

August

اوت

Jahr - العام

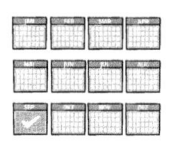
September
سبتمبر

Oktober
اكتوبر

November
نوفمبر

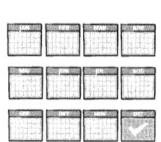
Dezember
ديسمبر

Formen
فورما

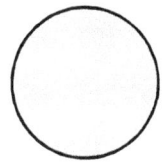
Kreis
دويرة

Quadrat
مربع

Rechteck
مستطيل

Dreieck
مثلث

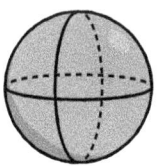
Kugel
كويرة

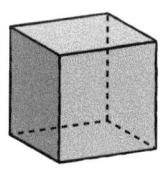
Würfel
مكعب

Farben
الالوان

weiß

بيض

gelb

صفر

orange

بثيني

pink

روز

rot

حمر

lila

حلحالي

blau

زرق

grün

خضر

braun

قهوي

grau

قري

schwarz

كحل

Gegenteile
الضد

viel / wenig
بزاف / شوية

wütend / friedlich
زعفان / مكالمي

hübsch / hässlich
شباب / مشي شباب

Anfang / Ende
البداية / النهاية

groß / klein
كبير / صغير

hell / dunkel
فاتح / فونسي

Bruder / Schwester
خو / خت

sauber / schmutzig
نقي / موسخ

vollständig / unvollständig
كامل / ناقص

Tag / Nacht
نهار / الليل

tot / lebendig
ميت / حي

breit / schmal
عريض / ضيق

Gegenteile - الضد   85

genießbar / ungenießbar

يقدو ياكلوه / ميقدروش ياكلوه

böse / freundlich

شرير / ناس ملاح

aufgeregt / gelangweilt

يثير / يمل

dick / dünn

سمين / رقيق

zuerst / zuletzt

الاولا / التالية

Freund / Feind

الصاحب / لعدو

voll / leer

معمر / فارغ

hart / weich

قاصح / سويل

schwer / leicht

ثقيل / خفيف

Hunger / Durst

جوع / عطش

krank / gesund

مريض / صحيح

illegal / legal

غير شرعي / شرعي

gescheit / dumm

ذكي / مبوقل

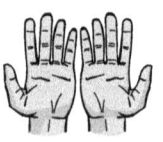

links / rechts

يسار / يمين

nah / fern

قريب / بعيد

Gegenteile - الضد

neu / gebraucht

جديد / مستعمل

nichts / etwas

مكانش / شوية

alt / jung

شيباني / شاب

an / aus

يشعل / يطفى

offen / geschlossen

محلول / مبلع

leise / laut

بشوية / بلڤور

reich / arm

مرفه / زوالي

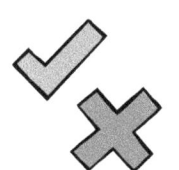

richtig / falsch

نيشان / خاطيء

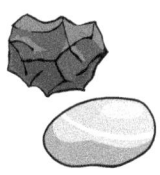

rau / glatt

خرش / رطب

traurig / glücklich

زعفان / فرحان

kurz / lang

قصير / طويل

langsam / schnell

بشوية / بلخف

nass / trocken

مشبخ / ناشف

warm / kühl

حامي / بارد

Krieg / Frieden

الڤيرة / لامان

Gegenteile - الضد

Zahlen
نيميرويات

0 null
صفر

1 eins
واحد

2 zwei
زوج

3 drei
ثلاثة

4 vier
ربعة

5 fünf
خمسة

6 sechs
ستة

7 sieben
سبعة

8 acht
ثمانية

9 neun
تسعة

10 zehn
عشرة

11 elf
حداعش

12
zwölf
ثناعش

13
dreizehn
تلطاعش

14
vierzehn
رباطاعش

15
fünfzehn
خمسطاعش

16
sechzehn
سطاعش

17
siebzehn
سبعطعش

18
achtzehn
ثمنطاعش

19
neunzehn
تساعطاش

20
zwanzig
عشرون

100
hundert
مية

1.000
tausend
ألف

1.000.000
Million
مليون

Sprachen
اللغات

Englisch

انقلي

Amerikanisches Englisch

انغلي تاع مريكان

Chinesisch (Mandarin)

لغة الشنوية

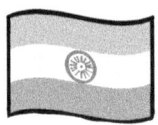

Hindi

الهندية

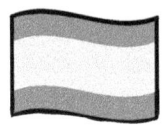

Spanisch

سبنيولية

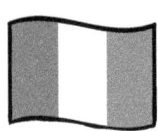

Französisch

الفرونسي

Arabisch

العربية

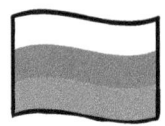

Russisch

الروسية

Portugiesisch

البوتغالية

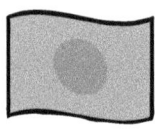

Bengalisch

البنغالية

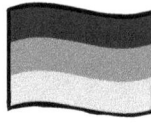

Deutsch

لالمنية

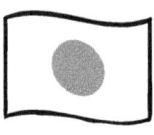

Japanisch

الجابونية

wer / was / wie
شكون / علاش / كيفاش

ich
انا

du
نتا

er / sie / es
هو

wir
حنايا

ihr
نتوما

sie
هوما

Wer?
شكون

Was?
واش

Wie?
كيفاش

Wo?
وين

Wann?
وقتاش

Name
الاسم

wo
وين

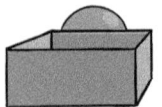

hinter

مزول

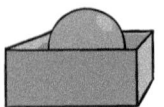

in

في

vor

قدام

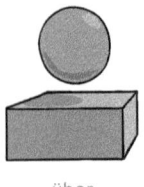

über

فوق

auf

على

unter

تحت

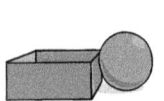

neben

حدا

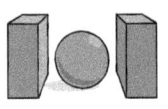

zwischen

بين

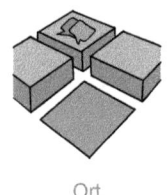

Ort

بلاصة

Lightning Source UK Ltd.
Milton Keynes UK
UKHW010905061120
372919UK00009B/237